Personal Expense Tracker

Month: **Year:**

Date:	Description Of Expense:	Payment Type:	Amount:

Personal Expense Tracker

Month: **Year:**

Date:	Description Of Expense:	Payment Type:	Amount:

Personal Expense Tracker

Month: Year:

Date:	Description Of Expense:	Payment Type:	Amount:

Personal Expense Tracker

Month: | | **Year:**

Date:	Description Of Expense:	Payment Type:	Amount:

Personal Expense Tracker

Month: **Year:**

Date:	Description Of Expense:	Payment Type:	Amount:

Personal Expense Tracker

Month: **Year:**

Date:	Description Of Expense:	Payment Type:	Amount:

Personal Expense Tracker

Month: Year:

Date:	Description Of Expense:	Payment Type:	Amount:

Personal Expense Tracker

Month: **Year:**

Date:	Description Of Expense:	Payment Type:	Amount:

Personal Expense Tracker

Month: **Year:**

Date:	Description Of Expense:	Payment Type:	Amount:

Personal Expense Tracker

Month: **Year:**

Date:	Description Of Expense:	Payment Type:	Amount:

Personal Expense Tracker

Month: Year:

Date:	Description Of Expense:	Payment Type:	Amount:

Personal Expense Tracker

Month: **Year:**

Date:	Description Of Expense:	Payment Type:	Amount:

Personal Expense Tracker

Month: Year:

Date:	Description Of Expense:	Payment Type:	Amount:

Personal Expense Tracker

Month: **Year:**

Date:	Description Of Expense:	Payment Type:	Amount:

Personal Expense Tracker

Month: Year:

Date:	Description Of Expense:	Payment Type:	Amount:

Personal Expense Tracker

Month: **Year:**

Date:	Description Of Expense:	Payment Type:	Amount:

Personal Expense Tracker

Month: **Year:**

Date:	Description Of Expense:	Payment Type:	Amount:

Personal Expense Tracker

Month: **Year:**

Date:	Description Of Expense:	Payment Type:	Amount:

Personal Expense Tracker

Month: Year:

Date:	Description Of Expense:	Payment Type:	Amount:

Personal Expense Tracker

Month: **Year:**

Date:	Description Of Expense:	Payment Type:	Amount:

Personal Expense Tracker

Month: **Year:**

Date:	Description Of Expense:	Payment Type:	Amount:

Personal Expense Tracker

Month: **Year:**

Date:	Description Of Expense:	Payment Type:	Amount:

Personal Expense Tracker

Month: **Year:**

Date:	Description Of Expense:	Payment Type:	Amount:

Personal Expense Tracker

Month: **Year:**

Date:	Description Of Expense:	Payment Type:	Amount:

Personal Expense Tracker

Month: Year:

Date:	Description Of Expense:	Payment Type:	Amount:

Personal Expense Tracker

Month: **Year:**

Date:	Description Of Expense:	Payment Type:	Amount:

Personal Expense Tracker

Month: | **Year:**

Date:	Description Of Expense:	Payment Type:	Amount:

Personal Expense Tracker

Month: | **Year:**

Date:	Description Of Expense:	Payment Type:	Amount:

Personal Expense Tracker

Month: **Year:**

Date:	Description Of Expense:	Payment Type:	Amount:

Personal Expense Tracker

Month: **Year:**

Date:	Description Of Expense:	Payment Type:	Amount:

MILEAGE LOG

MAKE:		MODEL:		YEAR:	
DATE:		ODOMETER: START | END		TOTAL:	DESTINATION / PURPOSE:

MILEAGE LOG

MAKE:		MODEL:		YEAR:	
DATE:		ODOMETER: START | END		TOTAL:	DESTINATION / PURPOSE:

MILEAGE LOG

MAKE:		MODEL:		YEAR:	
DATE:	ODOMETER: START | END		TOTAL:	DESTINATION / PURPOSE:	

MILEAGE LOG

MAKE:		MODEL:		YEAR:	
DATE:	ODOMETER: START | END		TOTAL:	DESTINATION / PURPOSE:	

MILEAGE LOG

MAKE:		MODEL:		YEAR:	
DATE:		ODOMETER: START | END		TOTAL:	DESTINATION / PURPOSE:

MILEAGE LOG

MAKE:		MODEL:		YEAR:	
DATE:		ODOMETER: START | END		TOTAL:	DESTINATION / PURPOSE:

MILEAGE LOG

MAKE:		MODEL:		YEAR:	
DATE:	**ODOMETER:** **START | END**		**TOTAL:**	**DESTINATION /** **PURPOSE:**	

MILEAGE LOG

MAKE:		MODEL:		YEAR:
DATE:	ODOMETER: START | END		TOTAL:	DESTINATION / PURPOSE:

MILEAGE LOG

MAKE:		MODEL:		YEAR:	
DATE:	ODOMETER: START | END		TOTAL:	DESTINATION / PURPOSE:	

MILEAGE LOG

MAKE:		MODEL:		YEAR:	
DATE:		**ODOMETER:** **START	END**		**TOTAL:**	**DESTINATION / PURPOSE:**

MILEAGE LOG

MAKE:		MODEL:		YEAR:
DATE:	ODOMETER: START | END		TOTAL:	DESTINATION / PURPOSE:

MILEAGE LOG

MAKE:		MODEL:		YEAR:	
DATE:	ODOMETER: START | END		TOTAL:	DESTINATION / PURPOSE:	

MILEAGE LOG

MAKE:		MODEL:		YEAR:	
DATE:		ODOMETER: START | END		TOTAL:	DESTINATION / PURPOSE:

MILEAGE LOG

MAKE:		MODEL:		YEAR:	
DATE:	ODOMETER: START | END		TOTAL:	DESTINATION / PURPOSE:	

MILEAGE LOG

MAKE:		MODEL:		YEAR:	
DATE:	ODOMETER: START | END		TOTAL:	DESTINATION / PURPOSE:	

MILEAGE LOG

MAKE:		MODEL:		YEAR:	
DATE:	ODOMETER: START | END		TOTAL:	DESTINATION / PURPOSE:	

MILEAGE LOG

MAKE:		MODEL:		YEAR:
DATE:		ODOMETER: START | END	TOTAL:	DESTINATION / PURPOSE:

MILEAGE LOG

MAKE:		MODEL:		YEAR:	
DATE:		ODOMETER: START | END		TOTAL:	DESTINATION / PURPOSE:

MILEAGE LOG

MAKE:		MODEL:		YEAR:	
DATE:		ODOMETER: START | END		TOTAL:	DESTINATION / PURPOSE:

MILEAGE LOG

MAKE:		MODEL:		YEAR:	
DATE:		ODOMETER: START | END		TOTAL:	DESTINATION / PURPOSE:

MILEAGE LOG

MAKE:		MODEL:		YEAR:	
DATE:	**ODOMETER: START	END**		**TOTAL:**	**DESTINATION / PURPOSE:**	

MILEAGE LOG

MAKE:		MODEL:		YEAR:	
DATE:		ODOMETER: START | END		TOTAL:	DESTINATION / PURPOSE:

MILEAGE LOG

MAKE:		MODEL:		YEAR:
DATE:		ODOMETER: START | END	TOTAL:	DESTINATION / PURPOSE:

MILEAGE LOG

MAKE:		MODEL:		YEAR:	
DATE:		**ODOMETER:** **START	END**		**TOTAL:**	**DESTINATION / PURPOSE:**

MILEAGE LOG

MAKE:		MODEL:		YEAR:	
DATE:		ODOMETER: START | END		TOTAL:	DESTINATION / PURPOSE:

MILEAGE LOG

MAKE:		MODEL:		YEAR:	
DATE:		ODOMETER: START | END		TOTAL:	DESTINATION / PURPOSE:

MILEAGE LOG

MAKE:		MODEL:		YEAR:	
DATE:	ODOMETER: START | END		TOTAL:	DESTINATION / PURPOSE:	

MILEAGE LOG

MAKE:		MODEL:		YEAR:	
DATE:		ODOMETER: START | END		TOTAL:	DESTINATION / PURPOSE:

MILEAGE LOG

MAKE:	MODEL:		YEAR:
DATE:	ODOMETER: START | END	TOTAL:	DESTINATION / PURPOSE:

MILEAGE LOG

MAKE:		MODEL:		YEAR:
DATE:	ODOMETER: START | END		TOTAL:	DESTINATION / PURPOSE:

Fishing Log

Location:_____ Date:_____
Location Details: _____
_____
Companions:_____
Water Temp:_____ Air Temp:_____
Hours Fished:_____ Wind Direction:_____
Wind Speed:_____ Humidity:_____

Weather ☼ ⚡ _____
Moon Phase:_____
Tide Phase:_____
Notes:_____

Species:	Bait:	Length:	Weight:	Time:

Other Notes:

Other Notes:

Other Notes:

Other Notes:

Fishing Log

Location:_____ Date:_____
Location Details: _____
_____
Companions:_____
Water Temp:_____ Air Temp:_____
Hours Fished:_____ Wind Direction:_____
Wind Speed:_____ Humidity:_____

Weather ☼ ⚡ _____
Moon Phase:_____
Tide Phase:_____
Notes:_____

Species:	Bait:	Length:	Weight:	Time:

Other Notes:

Other Notes:

Other Notes:

Other Notes:

Fishing Log

Location:_____ Date:_____
Location Details: _____
_____
Companions:_____
Water Temp:_____ Air Temp:_____
Hours Fished:_____ Wind Direction:_____
WInd Speed:_____ Humidity:_____

Weather ☼ ⚡ _____
Moon Phase:_____
Tide Phase:_____
Notes:_____

Species:	Bait:	Length:	Weight:	Time:

Other Notes:

Other Notes:

Other Notes:

Other Notes:

Fishing Log

Location:_____ Date:_____
Location Details: _____
_____
Companions:_____
Water Temp:_____ Air Temp:_____
Hours Fished:_____ Wind Direction:_____
WInd Speed:_____ Humidity:_____

Weather ☼ ⚡ _____
Moon Phase:_____
Tide Phase:_____
Notes:_____

Species:	Bait:	Length:	Weight:	Time:

Other Notes:

Other Notes:

Other Notes:

Other Notes:

Fishing Log

Location:_____ Date:_____
Location Details: _____
_____
Companions:_____
Water Temp:_____ Air Temp:_____
Hours Fished:_____ Wind Direction:_____
WInd Speed:_____ Humidity:_____

Weather ☼ ⚡ _____
Moon Phase:_____
Tide Phase:_____
Notes:_____

Species:	Bait:	Length:	Weight:	Time:

Other Notes:

Other Notes:

Other Notes:

Other Notes:

Fishing Log

Location:_____ Date:_____
Location Details: _____
_____

Companions:_____
Water Temp:_____ Air Temp:_____
Hours Fished:_____ Wind Direction:_____
Wind Speed:_____ Humidity:_____

Weather ☼ ⚡ _____
Moon Phase:_____
Tide Phase:_____
Notes:_____

Species:	Bait:	Length:	Weight:	Time:
Other Notes:				
Other Notes:				
Other Notes:				
Other Notes:				

Fishing Log

Location:_____ Date:_____
Location Details: _____
_____
Companions:_____
Water Temp:_____ Air Temp:_____
Hours Fished:_____ Wind Direction:_____
Wind Speed:_____ Humidity:_____

Weather ☼ ⚡ _____
Moon Phase:_____
Tide Phase:_____
Notes:_____

Species:	Bait:	Length:	Weight:	Time:

Other Notes:

Other Notes:

Other Notes:

Other Notes:

Fishing Log

Location:_____ Date:_____
Location Details: _____
_____
Companions:_____
Water Temp:_____ Air Temp:_____
Hours Fished:_____ Wind Direction:_____
Wind Speed:_____ Humidity:_____

Weather ☼ ⚡ _____
Moon Phase:_____
Tide Phase:_____
Notes:_____

Species:	Bait:	Length:	Weight:	Time:

Other Notes:

Other Notes:

Other Notes:

Other Notes:

Fishing Log

Location:_____ Date:_____
Location Details: _____
_____
Companions:_____
Water Temp:_____ Air Temp:_____
Hours Fished:_____ Wind Direction:_____
WInd Speed:_____ Humidity:_____

Weather ☀ ⚡ _____
Moon Phase:_____
Tide Phase:_____
Notes:_____

Species:	Bait:	Length:	Weight:	Time:

Other Notes:

Other Notes:

Other Notes:

Other Notes:

Fishing Log

Location:_____ Date:_____
Location Details: _____
_____
Companions:_____
Water Temp:_____ Air Temp:_____
Hours Fished:_____ Wind Direction:_____
Wind Speed:_____ Humidity:_____

Weather ☼ ⚡ _____
Moon Phase:_____
Tide Phase:_____
Notes:_____

Species:	Bait:	Length:	Weight:	Time:

Other Notes:

Other Notes:

Other Notes:

Other Notes:

Fishing Log

Location:_____ Date:_____
Location Details: _____
_____
Companions:_____
Water Temp:_____ Air Temp:_____
Hours Fished:_____ Wind Direction:_____
WInd Speed:_____ Humidity:_____

Weather ☼ ⚡ _____
Moon Phase:_____
Tide Phase:_____
Notes:_____

Species:	Bait:	Length:	Weight:	Time:

Other Notes:

Other Notes:

Other Notes:

Other Notes:

Fishing Log

Location:_____ Date:_____
Location Details: _____
_____
Companions:_____
Water Temp:_____ Air Temp:_____
Hours Fished:_____ Wind Direction:_____
Wind Speed:_____ Humidity:_____

Weather ☼ ⚡ _____
Moon Phase:_____
Tide Phase:_____
Notes:_____

Species:	Bait:	Length:	Weight:	Time:

Other Notes:

Other Notes:

Other Notes:

Other Notes:

Fishing Log

Location:_____ Date:_____
Location Details: _____
_____
Companions:_____
Water Temp:_____ Air Temp:_____
Hours Fished:_____ Wind Direction:_____
Wind Speed:_____ Humidity:_____

Weather ☼ ⚡ _____
Moon Phase:_____
Tide Phase:_____
Notes:_____

Species:	Bait:	Length:	Weight:	Time:

Other Notes:

Other Notes:

Other Notes:

Other Notes:

Fishing Log

Location:_____ Date:_____
Location Details: _____
_____
Companions:_____
Water Temp:_____ Air Temp:_____
Hours Fished:_____ Wind Direction:_____
Wind Speed:_____ Humidity:_____

Weather ☀⚡ _____
Moon Phase:_____
Tide Phase:_____
Notes:_____

Species:	Bait:	Length:	Weight:	Time:

Other Notes:

Other Notes:

Other Notes:

Other Notes:

Fishing Log

Location:_____ Date:_____

Location Details: _____
_____

Companions:_____
Water Temp:_____ Air Temp:_____
Hours Fished:_____ Wind Direction:_____
Wind Speed:_____ Humidity:_____

Weather ☀️⚡ _____
Moon Phase:_____
Tide Phase:_____
Notes:_____

Species:	Bait:	Length:	Weight:	Time:

Other Notes:

Other Notes:

Other Notes:

Other Notes:

Fishing Log

Location:_____ Date:_____
Location Details: _____
_____

Companions:_____
Water Temp:_____ Air Temp:_____
Hours Fished:_____ Wind Direction:_____
Wind Speed:_____ Humidity:_____

Weather ☀ ⚡ _____
Moon Phase: _____
Tide Phase: _____
Notes: _____

Species:	Bait:	Length:	Weight:	Time:

Other Notes:

Other Notes:

Other Notes:

Other Notes:

Fishing Log

Location:_____ Date:_____
Location Details: _____
_____
Companions:_____
Water Temp:_____ Air Temp:_____
Hours Fished:_____ Wind Direction:_____
Wind Speed:_____ Humidity:_____

Weather ☼ ⚡ _____
Moon Phase:_____
Tide Phase:_____
Notes:_____

Species:	Bait:	Length:	Weight:	Time:

Other Notes:

Other Notes:

Other Notes:

Other Notes:

Fishing Log

Location:_____ Date:_____
Location Details: _____
_____
Companions:_____
Water Temp:_____ Air Temp:_____
Hours Fished:_____ Wind Direction:_____
Wind Speed:_____ Humidity:_____

Weather _____
Moon Phase:_____
Tide Phase:_____
Notes:_____

Species:	Bait:	Length:	Weight:	Time:

Other Notes:

Other Notes:

Other Notes:

Other Notes:

Fishing Log

Location:_____ Date:_____
Location Details: _____
_____
Companions:_____
Water Temp:_____ Air Temp:_____
Hours Fished:_____ Wind Direction:_____
Wind Speed:_____ Humidity:_____

Weather ☼ ⚡ _____
Moon Phase:_____
Tide Phase:_____
Notes:_____

Species:	Bait:	Length:	Weight:	Time:

Other Notes:

Other Notes:

Other Notes:

Other Notes:

Fishing Log

Location:_____ Date:_____
Location Details: _____
_____
Companions:_____
Water Temp:_____ Air Temp:_____
Hours Fished:_____ Wind Direction:_____
Wind Speed:_____ Humidity:_____

Weather ☀⚡ _____
Moon Phase:_____
Tide Phase:_____
Notes:_____

Species:	Bait:	Length:	Weight:	Time:
Other Notes:				
Other Notes:				
Other Notes:				
Other Notes:				

Fishing Log

Location:_____ Date:_____
Location Details: _____
_____
Companions:_____
Water Temp:_____ Air Temp:_____
Hours Fished:_____ Wind Direction:_____
WInd Speed:_____ Humidity:_____

Weather ☼ ⚡ _____
Moon Phase:_____
Tide Phase:_____
Notes:_____

Species:	Bait:	Length:	Weight:	Time:
Other Notes:				
Other Notes:				
Other Notes:				
Other Notes:				

Fishing Log

Location:_____ Date:_____
Location Details: _____
_____
Companions:_____
Water Temp:_____ Air Temp:_____
Hours Fished:_____ Wind Direction:_____
Wind Speed:_____ Humidity:_____

Weather ☀ ⚡ _____
Moon Phase:_____
Tide Phase:_____
Notes:_____

Species:	Bait:	Length:	Weight:	Time:

Other Notes:

Other Notes:

Other Notes:

Other Notes:

Fishing Log

Location:_____ Date:_____
Location Details: _____
_____
Companions:_____
Water Temp:_____ Air Temp:_____
Hours Fished:_____ Wind Direction:_____
WInd Speed:_____ Humidity:_____

Weather ☀ ⚡ _____
Moon Phase:_____
Tide Phase:_____
Notes:_____

Species:	Bait:	Length:	Weight:	Time:

Other Notes:

Other Notes:

Other Notes:

Other Notes:

Fishing Log

Location:_____ Date:_____
Location Details: _____
_____
Companions:_____
Water Temp:_____ Air Temp:_____
Hours Fished:_____ Wind Direction:_____
Wind Speed:_____ Humidity:_____

Weather ☼ ⚡ _____
Moon Phase:_____
Tide Phase:_____
Notes:_____

Species:	Bait:	Length:	Weight:	Time:
Other Notes:				
Other Notes:				
Other Notes:				
Other Notes:				

Fishing Log

Location:_____ Date:_____
Location Details: _____
_____
Companions:_____
Water Temp:_____ Air Temp:_____
Hours Fished:_____ Wind Direction:_____
Wind Speed:_____ Humidity:_____

Weather ☀️ ⚡ _____
Moon Phase:_____
Tide Phase:_____
Notes:_____

Species:	Bait:	Length:	Weight:	Time:

Other Notes:

Other Notes:

Other Notes:

Other Notes:

Fishing Log

Location:_____ Date:_____

Location Details: _____
_____

Companions:_____
Water Temp:_____ Air Temp:_____
Hours Fished:_____ Wind Direction:_____
WInd Speed:_____ Humidity:_____

Weather ☀ ⚡ _____
Moon Phase:_____
Tide Phase:_____
Notes:_____

Species:	Bait:	Length:	Weight:	Time:
Other Notes:				
Other Notes:				
Other Notes:				
Other Notes:				

Fishing Log

Location:_____ Date:_____
Location Details: _____
_____
Companions:_____
Water Temp:_____ Air Temp:_____
Hours Fished:_____ Wind Direction:_____
WInd Speed:_____ Humidity:_____

Weather ☼ ⚡ _____
Moon Phase:_____
Tide Phase:_____
Notes:_____

Species:	Bait:	Length:	Weight:	Time:

Other Notes:

Other Notes:

Other Notes:

Other Notes:

Fishing Log

Location:_____ Date:_____
Location Details: _____
_____
Companions:_____
Water Temp:_____ Air Temp:_____
Hours Fished:_____ Wind Direction:_____
Wind Speed:_____ Humidity:_____

Weather ☀️⚡ _____
Moon Phase: _____
Tide Phase: _____
Notes: _____

Species:	Bait:	Length:	Weight:	Time:

Other Notes:

Other Notes:

Other Notes:

Other Notes:

Fishing Log

Location:_____ Date:_____

Location Details: _____
_____

Companions:_____

Water Temp:_____ Air Temp:_____

Hours Fished:_____ Wind Direction:_____

WInd Speed:_____ Humidity:_____

Weather ☼ ⚡ _____

Moon Phase:_____

Tide Phase:_____

Notes:_____

Species:	Bait:	Length:	Weight:	Time:

Other Notes:

Other Notes:

Other Notes:

Other Notes:

Fishing Log

Location:_____ Date:_____
Location Details: _____
_____
Companions:_____
Water Temp:_____ Air Temp:_____
Hours Fished:_____ Wind Direction:_____
Wind Speed:_____ Humidity:_____

Weather ☼ ⚡ _____
Moon Phase:_____
Tide Phase:_____
Notes:_____

Species:	Bait:	Length:	Weight:	Time:
Other Notes:				
Other Notes:				
Other Notes:				
Other Notes:				

Dive Number: _____
Date: _____
Location: _____
Ocean: _____

SI	PG		PG

☐ Computer Dive

BOTTOM TIME

DEPTH

TIME IN:	TIME OUT:

RNT _____
ABT _____
TBT _____

VISIBILITY:
_____

Bar / psi START	Bar / psi END

TEMP: Air ____ Surface ____ Bottom ____

GEAR USED
BCD: _____
Wetsuit: _____
Fins: _____
Weights: _____ kg/lbs
Cylinder: _____ Litres

DIVE SHOP STAMP

☐ Steel ☐ Aluminium
☐ Fresh ☐ Salt ☐ Shore ☐ Boat ☐ Drift ☐ Right ☐ Training

Dive Comments:
_____
_____
_____
_____
_____

BOTTOM TIME TO DATE: _____

Time Of This Dive: _____

Cumulative Dive Time: _____

Verification Signature:
_____

☐ Instructor ☐ Divemaster ☐ Buddy

Certification No: _____

Dive Number: _____
Date: _____
Location: _____
Ocean: _____

SI	PG		PG

☐ Computer Dive

BOTTOM TIME _____
DEPTH _____

TIME IN:	TIME OUT:

Bar / psi START	Bar / psi END

RNT _____
ABT _____
TBT _____

VISIBILITY: _____

TEMP: Air ____ Surface ____ Bottom ____

GEAR USED
BCD: _____
Wetsuit: _____
Fins: _____
Weights: _____ kg/lbs
Cylinder: _____ Litres

☐ Steel   ☐ Aluminium
☐ Fresh   ☐ Salt   ☐ Shore   ☐ Boat   ☐ Drift   ☐ Right   ☐ Training

DIVE SHOP STAMP

Dive Comments:
_____
_____
_____
_____
_____

BOTTOM TIME TO DATE: _____

Time Of This Dive: _____

Cumulative Dive Time: _____

Verification Signature:
_____

☐ Instructor ☐ Divemaster ☐ Buddy

Certification No: _____

Dive Number: _____
Date: _____
Location: _____
Ocean: _____

| SI | PG | | PG |

☐ Computer Dive

BOTTOM TIME _____
DEPTH

TIME IN:	TIME OUT:

RNT _____
ABT _____
TBT _____

VISIBILITY: _____

Bar / psi START	Bar / psi END

TEMP: Air ____ Surface ____ Bottom ____

GEAR USED
BCD: _____
Wetsuit: _____
Fins: _____
Weights: _____ kg/lbs
Cylinder: _____ Litres

☐ Steel ☐ Aluminium
☐ Fresh ☐ Salt ☐ Shore ☐ Boat ☐ Drift ☐ Right ☐ Training

DIVE SHOP STAMP

Dive Comments:
_____
_____
_____
_____
_____

BOTTOM TIME TO DATE: _____

Time Of This Dive: _____

Cumulative Dive Time: _____

Verification Signature:
_____

☐ Instructor ☐ Divemaster ☐ Buddy

Certification No: _____

Dive Number: _____
Date: _____
Location: _____
Ocean: _____

SI	PG		PG
☐ Computer Dive		BOTTOM TIME _____ DEPTH	

TIME IN:	TIME OUT:

Bar / psi START	Bar / psi END

RNT_____
ABT_____
TBT_____

VISIBILITY:
_____

TEMP: Air ____ Surface ____ Bottom ____

GEAR USED
BCD: _____
Wetsuit: _____
Fins: _____
Weights: _____ kg/lbs
Cylinder: _____ Litres

☐ Steel   ☐ Aluminium
☐ Fresh   ☐ Salt   ☐ Shore   ☐ Boat   ☐ Drift   ☐ Right   ☐ Training

DIVE SHOP STAMP

Dive Comments:
_____
_____
_____
_____
_____

BOTTOM TIME TO DATE: _____

Time Of This Dive: _____

Cumulative Dive Time: _____

Verification Signature:
_____

☐ Instructor ☐ Divemaster ☐ Buddy

Certification No: _____

Dive Number: _____
Date: _____
Location: _____
Ocean: _____

SI	PG		PG

☐ Computer Dive

BOTTOM TIME
_____
DEPTH

TIME IN:	TIME OUT:

Bar / psi START	Bar / psi END

RNT _____
ABT _____
TBT _____

VISIBILITY:
_____

TEMP: Air ____ Surface ____ Bottom ____

GEAR USED
BCD: _____
Wetsuit: _____
Fins: _____
Weights: _____ kg/lbs
Cylinder: _____ Litres

☐ Steel   ☐ Aluminium
☐ Fresh   ☐ Salt   ☐ Shore   ☐ Boat   ☐ Drift   ☐ Right   ☐ Training

DIVE SHOP STAMP

Dive Comments:
_____
_____
_____
_____
_____

BOTTOM TIME TO DATE: _____

Time Of This Dive: _____

Cumulative Dive Time: _____

Verification Signature:
_____

☐ Instructor ☐ Divemaster ☐ Buddy

Certification No: _____

Dive Number: _____
Date: _____
Location: _____
Ocean: _____

TIME IN:	TIME OUT:

Bar / psi START	Bar / psi END

SI	PG		PG

☐ Computer Dive   BOTTOM TIME

DEPTH

RNT _____
ABT _____
TBT _____

VISIBILITY:
_____

TEMP: Air ____ Surface ____ Bottom ____

GEAR USED
BCD: _____
Wetsuit: _____
Fins: _____
Weights: _____ kg/lbs
Cylinder: _____ Litres

☐ Steel   ☐ Aluminium
☐ Fresh   ☐ Salt   ☐ Shore   ☐ Boat   ☐ Drift   ☐ Right   ☐ Training

DIVE SHOP STAMP

Dive Comments:
_____
_____
_____
_____
_____

BOTTOM TIME TO DATE: _____

Time Of This Dive: _____

Cumulative Dive Time: _____

Verification Signature:
_____

☐ Instructor ☐ Divemaster ☐ Buddy

Certification No: _____

Dive Number: _____
Date: _____
Location: _____
Ocean: _____

SI	PG		PG

☐ Computer Dive

BOTTOM TIME _____
DEPTH _____

TIME IN:	TIME OUT:

RNT _____
ABT _____
TBT _____

VISIBILITY: _____

Bar / psi START	Bar / psi END

TEMP: Air ____ Surface ____ Bottom ____

GEAR USED
BCD: _____
Wetsuit: _____
Fins: _____
Weights: _____ kg/lbs
Cylinder: _____ Litres

☐ Steel ☐ Aluminium
☐ Fresh ☐ Salt ☐ Shore ☐ Boat ☐ Drift ☐ Right ☐ Training

DIVE SHOP STAMP

Dive Comments:
_____
_____
_____
_____
_____

BOTTOM TIME TO DATE: _____

Time Of This Dive: _____

Cumulative Dive Time: _____

Verification Signature:
_____

☐ Instructor ☐ Divemaster ☐ Buddy

Certification No: _____

Dive Number: _____
Date: _____
Location: _____
Ocean: _____

SI	PG		PG
☐ Computer Dive		BOTTOM TIME	
		DEPTH	

TIME IN:	TIME OUT:

Bar / psi START	Bar / psi END

RNT _____
ABT _____
TBT _____

VISIBILITY:
_____

TEMP: Air ____ Surface ____ Bottom ____

GEAR USED
BCD: _____
Wetsuit: _____
Fins: _____
Weights: _____ kg/lbs
Cylinder: _____ Litres

☐ Steel   ☐ Aluminium
☐ Fresh   ☐ Salt   ☐ Shore   ☐ Boat   ☐ Drift   ☐ Right   ☐ Training

DIVE SHOP STAMP

Dive Comments:
_____
_____
_____
_____
_____

BOTTOM TIME TO DATE: _____

Time Of This Dive: _____

Cumulative Dive Time: _____

Verification Signature:
_____

☐ Instructor ☐ Divemaster ☐ Buddy

Certification No: _____

Dive Number: _____
Date: _____
Location: _____
Ocean: _____

SI	PG		PG

☐ Computer Dive

BOTTOM TIME

DEPTH

TIME IN:	TIME OUT:

RNT _____
ABT _____
TBT _____

VISIBILITY:
_____

Bar / psi START	Bar / psi END

TEMP: Air _____ Surface _____ Bottom _____

GEAR USED
BCD: _____
Wetsuit: _____
Fins: _____
Weights: _____ kg/lbs
Cylinder: _____ Litres

☐ Steel ☐ Aluminium
☐ Fresh ☐ Salt ☐ Shore ☐ Boat ☐ Drift ☐ Right ☐ Training

DIVE SHOP STAMP

Dive Comments:
_____
_____
_____
_____
_____

BOTTOM TIME TO DATE: _____

Time Of This Dive: _____

Cumulative Dive Time: _____

Verification Signature:
_____

☐ Instructor ☐ Divemaster ☐ Buddy

Certification No: _____

Dive Number: _____
Date: _____
Location: _____
Ocean: _____

SI	PG		PG
		BOTTOM TIME	
☐ Computer Dive		DEPTH	

TIME IN:	TIME OUT:

Bar / psi START	Bar / psi END

RNT _____
ABT _____
TBT _____

VISIBILITY:
_____

TEMP: Air ____ Surface ____ Bottom ____

GEAR USED
BCD: _____
Wetsuit: _____
Fins: _____
Weights: _____ kg/lbs
Cylinder: _____ Litres

☐ Steel ☐ Aluminium
☐ Fresh ☐ Salt ☐ Shore ☐ Boat ☐ Drift ☐ Right ☐ Training

DIVE SHOP STAMP

Dive Comments:
_____
_____
_____
_____
_____

BOTTOM TIME TO DATE: _____

Time Of This Dive: _____

Cumulative Dive Time: _____

Verification Signature:
_____

☐ Instructor ☐ Divemaster ☐ Buddy

Certification No: _____

Dive Number: _____
Date: _____
Location: _____
Ocean: _____

SI	PG		PG

☐ Computer Dive

BOTTOM TIME _____
DEPTH _____

TIME IN:	TIME OUT:

RNT _____
ABT _____
TBT _____

VISIBILITY: _____

Bar / psi START	Bar / psi END

TEMP: Air ____ Surface ____ Bottom ____

DIVE SHOP STAMP

GEAR USED
BCD: _____
Wetsuit: _____
Fins: _____
Weights: _____ kg/lbs
Cylinder: _____ Litres

☐ Steel ☐ Aluminium
☐ Fresh ☐ Salt ☐ Shore ☐ Boat ☐ Drift ☐ Right ☐ Training

Dive Comments:
_____
_____
_____
_____
_____

BOTTOM TIME TO DATE: _____

Time Of This Dive: _____

Cumulative Dive Time: _____

Verification Signature:
_____

☐ Instructor ☐ Divemaster ☐ Buddy

Certification No: _____

Dive Number: _____
Date: _____
Location: _____
Ocean: _____

TIME IN:	TIME OUT:

Bar / psi START	Bar / psi END

GEAR USED
BCD: _____
Wetsuit: _____
Fins: _____
Weights: _____ kg/lbs
Cylinder: _____ Litres

☐ Steel   ☐ Aluminium
☐ Fresh   ☐ Salt   ☐ Shore   ☐ Boat   ☐ Drift   ☐ Right   ☐ Training

SI	PG		PG
☐ Computer Dive	BOTTOM TIME		
	DEPTH		

RNT _____
ABT _____
TBT _____

VISIBILITY: _____

TEMP: Air ____ Surface ____ Bottom ____

DIVE SHOP STAMP

Dive Comments:
_____
_____
_____
_____
_____

BOTTOM TIME TO DATE: _____

Time Of This Dive: _____

Cumulative Dive Time: _____

Verification Signature:
_____

☐ Instructor ☐ Divemaster ☐ Buddy

Certification No: _____

Dive Number: _____
Date: _____
Location: _____
Ocean: _____

SI	PG		PG

☐ Computer Dive

BOTTOM TIME
_____
DEPTH

TIME IN:	TIME OUT:

RNT _____
ABT _____
TBT _____

VISIBILITY:
_____

Bar / psi START	Bar / psi END

TEMP: Air ____ Surface ____ Bottom ____

GEAR USED
BCD: _____
Wetsuit: _____
Fins: _____
Weights: _____ kg/lbs
Cylinder: _____ Litres

DIVE SHOP STAMP

☐ Steel ☐ Aluminium
☐ Fresh ☐ Salt ☐ Shore ☐ Boat ☐ Drift ☐ Right ☐ Training

Dive Comments:
_____
_____
_____
_____
_____

BOTTOM TIME TO DATE: _____

Time Of This Dive: _____

Cumulative Dive Time: _____

Verification Signature:
_____

☐ Instructor ☐ Divemaster ☐ Buddy

Certification No: _____

Dive Number: _____
Date: _____
Location: _____
Ocean: _____

SI	PG		PG
☐ Computer Dive		BOTTOM TIME _____ DEPTH	

TIME IN:	TIME OUT:

RNT _____
ABT _____
TBT _____

VISIBILITY: _____

Bar / psi START	Bar / psi END

TEMP: Air ____ Surface ____ Bottom ____

GEAR USED
BCD: _____
Wetsuit: _____
Fins: _____
Weights: _____ kg/lbs
Cylinder: _____ Litres

☐ Steel ☐ Aluminium
☐ Fresh ☐ Salt ☐ Shore ☐ Boat ☐ Drift ☐ Right ☐ Training

DIVE SHOP STAMP

Dive Comments:
_____
_____
_____
_____
_____

BOTTOM TIME TO DATE: _____

Time Of This Dive: _____

Cumulative Dive Time: _____

Verification Signature:
_____

☐ Instructor ☐ Divemaster ☐ Buddy

Certification No: _____

Dive Number: _____
Date: _____
Location: _____
Ocean: _____

SI	PG		PG
☐ Computer Dive		BOTTOM TIME	
		DEPTH	

TIME IN:	TIME OUT:

Bar / psi START	Bar / psi END

RNT_____
ABT _____
TBT _____

VISIBILITY:
_____

TEMP: Air ____ Surface ____ Bottom ____

GEAR USED
BCD: _____
Wetsuit: _____
Fins: _____
Weights: _____ kg/lbs
Cylinder: _____ Litres

☐ Steel   ☐ Aluminium
☐ Fresh   ☐ Salt   ☐ Shore   ☐ Boat   ☐ Drift   ☐ Right   ☐ Training

DIVE SHOP STAMP

Dive Comments:
_____
_____
_____
_____
_____

BOTTOM TIME TO
DATE: _____

Time Of This Dive: _____

Cumulative Dive
Time: _____

Verification Signature:
_____

☐ Instructor ☐ Divemaster ☐ Buddy

Certification No: _____

Dive Number: _____
Date: _____
Location: _____
Ocean: _____

TIME IN:	TIME OUT:

Bar / psi START	Bar / psi END

SI	PG		PG
☐ Computer Dive		BOTTOM TIME _____ DEPTH	

RNT_____
ABT _____
TBT _____

VISIBILITY:
_____

TEMP: Air ____ Surface ____ Bottom ____

DIVE SHOP STAMP

GEAR USED
BCD: _____
Wetsuit: _____
Fins: _____
Weights: _____ kg/lbs
Cylinder: _____ Litres

☐ Steel   ☐ Aluminium
☐ Fresh   ☐ Salt   ☐ Shore   ☐ Boat   ☐ Drift   ☐ Right   ☐ Training

Dive Comments:
_____
_____
_____
_____
_____

BOTTOM TIME TO
DATE: _____

Time Of This Dive: _____

Cumulative Dive
Time: _____

Verification Signature:
_____

☐ Instructor ☐ Divemaster ☐ Buddy

Certification No: _____

Dive Number: _____
Date: _____
Location: _____
Ocean: _____

| SI | PG | | PG |

☐ Computer Dive

BOTTOM TIME

DEPTH

TIME IN:	TIME OUT:

RNT _____
ABT _____
TBT _____

VISIBILITY: _____

Bar / psi START	Bar / psi END

TEMP: Air ____ Surface ____ Bottom ____

GEAR USED
BCD: _____
Wetsuit: _____
Fins: _____
Weights: _____ kg/lbs
Cylinder: _____ Litres

☐ Steel ☐ Aluminium
☐ Fresh ☐ Salt ☐ Shore ☐ Boat ☐ Drift ☐ Right ☐ Training

DIVE SHOP STAMP

Dive Comments:
_____
_____
_____
_____
_____

BOTTOM TIME TO DATE: _____

Time Of This Dive: _____

Cumulative Dive Time: _____

Verification Signature:
_____

☐ Instructor ☐ Divemaster ☐ Buddy

Certification No: _____

Dive Number: _____
Date: _____
Location: _____
Ocean: _____

SI	PG		PG

☐ Computer Dive

BOTTOM TIME _____

DEPTH _____

TIME IN:	TIME OUT:

Bar / psi START	Bar / psi END

RNT _____
ABT _____
TBT _____

VISIBILITY: _____

TEMP: Air ____ Surface ____ Bottom ____

GEAR USED
BCD: _____
Wetsuit: _____
Fins: _____
Weights: _____ kg/lbs
Cylinder: _____ Litres

☐ Steel   ☐ Aluminium
☐ Fresh   ☐ Salt   ☐ Shore   ☐ Boat   ☐ Drift   ☐ Right   ☐ Training

DIVE SHOP STAMP

Dive Comments:
_____
_____
_____
_____
_____

BOTTOM TIME TO DATE: _____

Time Of This Dive: _____

Cumulative Dive Time: _____

Verification Signature:
_____

☐ Instructor ☐ Divemaster ☐ Buddy

Certification No: _____

Dive Number: _____
Date: _____
Location: _____
Ocean: _____

SI	PG		PG

☐ Computer Dive

BOTTOM TIME _____
DEPTH _____

TIME IN:	TIME OUT:

RNT _____
ABT _____
TBT _____

VISIBILITY:
_____

Bar / psi START	Bar / psi END

TEMP: Air ____ Surface ____ Bottom ____

GEAR USED
BCD: _____
Wetsuit: _____
Fins: _____
Weights: _____ kg/lbs
Cylinder: _____ Litres

DIVE SHOP STAMP

☐ Steel ☐ Aluminium
☐ Fresh ☐ Salt ☐ Shore ☐ Boat ☐ Drift ☐ Right ☐ Training

Dive Comments:
_____
_____
_____
_____
_____

BOTTOM TIME TO DATE: _____

Time Of This Dive: _____

Cumulative Dive Time: _____

Verification Signature:
_____

☐ Instructor ☐ Divemaster ☐ Buddy

Certification No: _____

Dive Number: _____
Date: _____
Location: _____
Ocean: _____

SI	PG		PG

☐ Computer Dive

BOTTOM TIME

DEPTH

TIME IN:	TIME OUT:

RNT _____
ABT _____
TBT _____

VISIBILITY: _____

Bar / psi START	Bar / psi END

TEMP: Air ____ Surface ____ Bottom ____

GEAR USED
BCD: _____
Wetsuit: _____
Fins: _____
Weights: _____ kg/lbs
Cylinder: _____ Litres

☐ Steel   ☐ Aluminium
☐ Fresh ☐ Salt ☐ Shore ☐ Boat ☐ Drift ☐ Right ☐ Training

DIVE SHOP STAMP

Dive Comments:
_____
_____
_____
_____
_____

BOTTOM TIME TO DATE: _____

Time Of This Dive: _____

Cumulative Dive Time: _____

Verification Signature:
_____

☐ Instructor ☐ Divemaster ☐ Buddy

Certification No: _____

Dive Number: _____
Date: _____
Location: _____
Ocean: _____

| SI | PG | | PG |

☐ Computer Dive

BOTTOM TIME

DEPTH

TIME IN:	TIME OUT:

RNT _____
ABT _____
TBT _____

VISIBILITY: _____

Bar / psi START	Bar / psi END

TEMP: Air ____ Surface ____ Bottom ____

GEAR USED
BCD: _____
Wetsuit: _____
Fins: _____
Weights: _____ kg/lbs
Cylinder: _____ Litres

DIVE SHOP STAMP

☐ Steel ☐ Aluminium
☐ Fresh ☐ Salt ☐ Shore ☐ Boat ☐ Drift ☐ Right ☐ Training

Dive Comments:
_____
_____
_____
_____

BOTTOM TIME TO DATE: _____

Time Of This Dive: _____

Cumulative Dive Time: _____

Verification Signature:
_____

☐ Instructor ☐ Divemaster ☐ Buddy

Certification No: _____

Dive Number: _____
Date: _____
Location: _____
Ocean: _____

SI	PG		PG
☐ Computer Dive	BOTTOM TIME _____ DEPTH		

TIME IN:	TIME OUT:

RNT _____
ABT _____
TBT _____

VISIBILITY:
_____

Bar / psi START	Bar / psi END

TEMP: Air ____ Surface ____ Bottom ____

GEAR USED
BCD: _____
Wetsuit: _____
Fins: _____
Weights: _____ kg/lbs
Cylinder: _____ Litres

☐ Steel ☐ Aluminium
☐ Fresh ☐ Salt ☐ Shore ☐ Boat ☐ Drift ☐ Right ☐ Training

DIVE SHOP STAMP

Dive Comments:
_____
_____
_____
_____
_____

BOTTOM TIME TO DATE: _____

Time Of This Dive: _____

Cumulative Dive Time: _____

Verification Signature:
_____

☐ Instructor ☐ Divemaster ☐ Buddy

Certification No: _____

Dive Number: _____
Date: _____
Location: _____
Ocean: _____

SI	PG		PG

☐ Computer Dive

BOTTOM TIME

DEPTH

TIME IN:	TIME OUT:

RNT _____
ABT _____
TBT _____

VISIBILITY: _____

Bar / psi START	Bar / psi END

TEMP: Air ____ Surface ____ Bottom ____

GEAR USED
BCD: _____
Wetsuit: _____
Fins: _____
Weights: _____ kg/lbs
Cylinder: _____ Litres

☐ Steel ☐ Aluminium
☐ Fresh ☐ Salt ☐ Shore ☐ Boat ☐ Drift ☐ Right ☐ Training

DIVE SHOP STAMP

Dive Comments:
_____
_____
_____
_____
_____

BOTTOM TIME TO DATE: _____

Time Of This Dive: _____

Cumulative Dive Time: _____

Verification Signature:

_____

☐ Instructor ☐ Divemaster ☐ Buddy

Certification No: _____

Dive Number: _____
Date: _____
Location: _____
Ocean: _____

SI	PG		PG

☐ Computer Dive

BOTTOM TIME

DEPTH

TIME IN:	TIME OUT:

Bar / psi START	Bar / psi END

RNT _____
ABT _____
TBT _____

VISIBILITY: _____

TEMP: Air ____ Surface ____ Bottom ____

DIVE SHOP STAMP

GEAR USED
BCD: _____
Wetsuit: _____
Fins: _____
Weights: _____ kg/lbs
Cylinder: _____ Litres

☐ Steel   ☐ Aluminium
☐ Fresh   ☐ Salt   ☐ Shore   ☐ Boat   ☐ Drift   ☐ Right   ☐ Training

Dive Comments:
_____
_____
_____
_____
_____

BOTTOM TIME TO DATE: _____

Time Of This Dive: _____

Cumulative Dive Time: _____

Verification Signature:
_____

☐ Instructor ☐ Divemaster ☐ Buddy

Certification No: _____

Dive Number: _____
Date: _____
Location: _____
Ocean: _____

SI	PG		PG

☐ Computer Dive

BOTTOM TIME

DEPTH

TIME IN:	TIME OUT:

RNT_____
ABT _____
TBT _____

VISIBILITY:
_____

Bar / psi START	Bar / psi END

TEMP: Air ____ Surface ____ Bottom ____

GEAR USED
BCD: _____
Wetsuit: _____
Fins: _____
Weights: _____ kg/lbs
Cylinder: _____ Litres

☐ Steel   ☐ Aluminium
☐ Fresh   ☐ Salt   ☐ Shore   ☐ Boat   ☐ Drift   ☐ Right   ☐ Training

DIVE SHOP STAMP

Dive Comments:
_____
_____
_____
_____
_____

BOTTOM TIME TO DATE: _____

Time Of This Dive: _____

Cumulative Dive Time: _____

Verification Signature:
_____

☐ Instructor ☐ Divemaster ☐ Buddy

Certification No: _____

Dive Number: _____
Date: _____
Location: _____
Ocean: _____

| SI | PG | | PG |

Computer Dive □   BOTTOM TIME _____
                  DEPTH _____

TIME IN:	TIME OUT:

Bar / psi START	Bar / psi END

RNT _____
ABT _____
TBT _____

VISIBILITY: _____

TEMP: Air ____ Surface ____ Bottom ____

GEAR USED
BCD: _____
Wetsuit: _____
Fins: _____
Weights: _____ kg/lbs
Cylinder: _____ Litres

□ Steel □ Aluminium
□ Fresh □ Salt □ Shore □ Boat □ Drift □ Right □ Training

DIVE SHOP STAMP

Dive Comments:
_____
_____
_____
_____
_____

BOTTOM TIME TO DATE: _____

Time Of This Dive: _____

Cumulative Dive Time: _____

Verification Signature:

_____

□ Instructor □ Divemaster □ Buddy

Certification No: _____

Dive Number: _____
Date: _____
Location: _____
Ocean: _____

SI	PG		PG

☐ Computer Dive

BOTTOM TIME

DEPTH

TIME IN:	TIME OUT:

RNT _____
ABT _____
TBT _____

VISIBILITY: _____

Bar / psi START	Bar / psi END

TEMP: Air ____ Surface ____ Bottom ____

GEAR USED
BCD: _____
Wetsuit: _____
Fins: _____
Weights: _____ kg/lbs
Cylinder: _____ Litres

☐ Steel ☐ Aluminium
☐ Fresh ☐ Salt ☐ Shore ☐ Boat ☐ Drift ☐ Right ☐ Training

DIVE SHOP STAMP

Dive Comments:
_____
_____
_____
_____

BOTTOM TIME TO DATE: _____

Time Of This Dive: _____

Cumulative Dive Time: _____

Verification Signature:
_____

☐ Instructor ☐ Divemaster ☐ Buddy

Certification No: _____

Dive Number: _____
Date: _____
Location: _____
Ocean: _____

SI	PG		PG
☐ Computer Dive		BOTTOM TIME _____ DEPTH _____	

TIME IN:	TIME OUT:

RNT _____
ABT _____
TBT _____

VISIBILITY:
_____

Bar / psi START	Bar / psi END

TEMP: Air ____ Surface ____ Bottom ____

GEAR USED
BCD: _____
Wetsuit: _____
Fins: _____
Weights: _____ kg/lbs
Cylinder: _____ Litres

☐ Steel ☐ Aluminium
☐ Fresh ☐ Salt ☐ Shore ☐ Boat ☐ Drift ☐ Right ☐ Training

DIVE SHOP STAMP

Dive Comments:
_____
_____
_____
_____
_____

BOTTOM TIME TO DATE: _____

Time Of This Dive: _____

Cumulative Dive Time: _____

Verification Signature:
_____

☐ Instructor ☐ Divemaster ☐ Buddy

Certification No: _____

Dive Number: _____
Date: _____
Location: _____
Ocean: _____

SI	PG		PG

☐ Computer Dive

BOTTOM TIME

DEPTH

TIME IN:	TIME OUT:

RNT_____
ABT _____
TBT _____

VISIBILITY:
_____

Bar / psi START	Bar / psi END

TEMP: Air ____ Surface ____ Bottom ____

GEAR USED
BCD: _____
Wetsuit: _____
Fins: _____
Weights: _____ kg/lbs
Cylinder: _____ Litres

DIVE SHOP STAMP

☐ Steel   ☐ Aluminium
☐ Fresh   ☐ Salt   ☐ Shore   ☐ Boat   ☐ Drift   ☐ Right   ☐ Training

Dive Comments:
_____
_____
_____
_____
_____

BOTTOM TIME TO DATE: _____

Time Of This Dive: _____

Cumulative Dive Time: _____

Verification Signature:
_____

☐ Instructor ☐ Divemaster ☐ Buddy

Certification No: _____

Dive Number: _____
Date: _____
Location: _____
Ocean: _____

SI	PG		PG
☐ Computer Dive		BOTTOM TIME	
		DEPTH	

TIME IN:	TIME OUT:

RNT _____
ABT _____
TBT _____

VISIBILITY: _____

Bar / psi START	Bar / psi END

TEMP: Air ____ Surface ____ Bottom ____

GEAR USED
BCD: _____
Wetsuit: _____
Fins: _____
Weights: _____ kg/lbs
Cylinder: _____ Litres

☐ Steel   ☐ Aluminium
☐ Fresh   ☐ Salt   ☐ Shore   ☐ Boat   ☐ Drift   ☐ Right   ☐ Training

DIVE SHOP STAMP

Dive Comments:
_____
_____
_____
_____
_____

BOTTOM TIME TO DATE: _____	Verification Signature:
Time Of This Dive: _____	_____
	☐ Instructor ☐ Divemaster ☐ Buddy
Cumulative Dive Time: _____	Certification No: _____

www.ingramcontent.com/pod-product-compliance
Lightning Source LLC
LaVergne TN
LVHW021052100526
838202LV00083B/5743